A VOUS LES SENIORS !

© L'Harmattan, 2011
5-7, rue de l'Ecole polytechnique ; 75005 Paris

http://www.librairieharmattan.com
diffusion.harmattan@wanadoo.fr
harmattan1@wanadoo.fr

ISBN : 978-2-296-56515-9
EAN : 9782296565159

Corinne ALBAUT

A VOUS LES SENIORS !

*Jeux rimés pour entretenir la mémoire,
la mobilité et le dynamisme des personnes âgées*

Introduction

Comment aider les personnes âgées à bien vieillir ?

Il y a bien sûr le côté physique, avec tout son cortège de douleurs et de maladies, mais je laisse cela à la médecine.

Ce que j'ai choisi de faire est d'aider nos aînés à conserver le maximum de dynamisme, de gaieté, de mémoire, bref, de rester « vivants », aussi longtemps qu'ils le peuvent et en ont envie.

La façon la plus adéquate m'a semblé être **LE JEU**.
Tout comme pour les enfants, pour lesquels l'acquisition des connaissances se fait si facilement en jouant, je me suis rendu compte que pour les plus âgés, la conservation des acquis pouvait également passer par des activités ludiques.

J'ai créé ces petits textes interactifs, destinés à tonifier le corps et l'esprit des personnes vieillissantes… avec le sourire.

De dix en dix

Première lecture *du texte par l'animateur.*

Deuxième lecture :
L'animateur demande aux participants de compter sur leurs doigts, à raison d'un doigt par dizaine.

Troisième lecture :
On peut mimer chaque âge de la vie.
Par exemple :
Pour « dix ans – vingt ans – trente ans » : commencer en se faisant petit puis en se redressant au fur et à mesure.
Pour « quarante ans », toucher chaque doigt de la main avec le pouce de la même main.
Pour « cinquante ans » : poser les mains sur la tête.
Pour « soixante ans » : faire les marionnettes.
Pour « soixante-dix ans » : courber les épaules.
Pour « quatre-vingts ans » : remuer les pieds doucement.
Pour « quatre-vingt-dix ans » : refaire les marionnettes.
Pour « cent ans » : envoyer des bisous avec les mains.

De dix en dix

Quand j'avais dix ans
j'étais encore un enfant.

Quand j'avais vingt ans
j'étais un adolescent.

Quand j'avais trente ans
j'étais devenu parent.

Quand j'avais quarante ans
j'étais actif à plein temps.

Quand j'avais cinquante ans
j'avais mes premiers cheveux blancs.

Quand j'avais soixante ans
j'avais des petits-enfants.

Quand j'avais soixante-dix ans
je sentais le poids des ans.

Quand j'avais quatre-vingts ans
je marchais moins facilement.

Quand j'avais quatre-vingt-dix ans
j'étais arrière-grand-parent.

Maintenant que j'ai cent ans
je peux le dire simplement :
j'ai vécu déjà longtemps !

Au gré du vent

Première lecture du texte par l'animateur.

Deuxième lecture :
Chercher avec les participants, comment mimer le texte.

Par exemple :
1ère strophe : balancer les bras de droite à gauche.
2ème strophe : faire un mouvement des bras vers le bas, en penchant légèrement la tête.
3ème strophe : redresser la tête, lever les bras vers le ciel et les écarter en forme de « V ».

Troisième lecture :
L'animateur redit le texte et les participants l'accompagnent avec les gestes.

Au gré du vent

Le vent léger
fait bouger les branches
des grands peupliers.

Les tiges se penchent
pour nous saluer,

Puis elles se redressent
comme des princesses,
et tendent leurs feuilles vers le ciel
pour dire bonjour au soleil !

Aïe aïe aïe !

Première lecture *du texte par l'animateur.*

Deuxième lecture :
Les participants montrent les parties du corps concernées.

Troisième lecture :
Demander aux participants de se mettre deux par deux. Chaque duo intervient à tour de rôle. L'un pose la question (l'animateur le guide en montrant les parties du corps), et l'autre essaie de se rappeler la réponse en s'aidant des rimes (tout le monde peut l'aider).

Aïe aïe aïe !

Que disent mes pieds ?
Aïe, on a du mal à marcher !

Que disent mes genoux ?
Aïe, on se sent un peu trop mous !

Que disent mes mains ?
Aïe, ça bouge beaucoup moins bien !

Que dit mon dos ?
Aïe, lumbago doloroso !

Que dit ma tête ?
Aïe, je crois bien qu'elle s'inquiète !

Mais à part ça ?
Ca va, ça va, ça va comme ça !

Au fil des saisons

Première lecture *du texte par l'animateur.*
Vérifier avec les participants quelle est la saison actuelle, quelle est la précédente et quelle est la suivante.

Deuxième lecture :
L'animateur redit le texte et les participants miment avec leurs bras l'allongement et le raccourcissement des saisons, en les écartant et en les rapprochant.

Au fil des saisons

Regardez les saisons passer :
quand on va vers l'été,
on voit les jours s'allonger
et les nuits raccourcir.

Quand on va vers l'hiver
c'est tout le contraire :
on voit les nuits s'allonger
et les jours raccourcir.

Ils nagent, ils volent, ils courent...

Première lecture *du texte par l'animateur.*

Deuxième lecture *:*
L'animateur demande aux participants de mimer chacune des actions.

Par exemple :
« Le merlan » : imiter les ondulations du poisson avec les deux mains serrées.

« L'hirondelle » : imiter des battements d'aile avec les bras ouverts, ou en croisant les mains au niveau des poignets et en les agitant.

« La jument » : imiter le galop du cheval avec les mains.

Ils nagent, ils volent, ils courent …

Que fait le merlan
dans l'océan ?
Il nage au fil du courant !

Que fait l'hirondelle
dans le ciel ?
Elle vole à tire-d'aile !

Que fait la jument
dans le champ ?
Elle galope crinière au vent !

Les couleurs de ma vie

Première lecture *du texte par l'animateur.*

Deuxième lecture :
L'animateur ne lit que les deux premières lignes de chaque strophe, et c'est aux participants de donner les réponses de leur choix.

Atelier d'écriture :
Cette poésie peut donner lieu à un exercice écrit. Chaque participant peut alors écrire un ou plusieurs souvenirs lié(s) à chaque couleur de page.
L'animateur demande ensuite aux participants de lire à haute voix ce qu'ils ont écrit.

Les couleurs de ma vie

Sur la page rose de ma vie
j'écris des choses jolies
(la naissance d'un bébé…)

Sur la page couleur nuage
des chagrins et des orages
(une séparation…)

Sur la page bleue
des moments clairs et heureux
(une fête de famille …)

Sur la page rouge
des choses qui bougent
(un déménagement…)

Sur la page verte
des surprises, des découvertes
(un voyage à l'étranger…)

Et sur la page blanche
j'ai carte blanche
(des choses du présent…)

Des douceurs dans mon assiette

Première lecture *du texte par l'animateur.*

Deuxième lecture :
Demander aux participants des taper dans leurs mains en rythme, sur les trois syllabes finales de chaque strophe.

Troisième lecture :
En plus de taper dans les mains, demander aux participants de prononcer à haute voix les trois dernières syllabes de chaque strophe.

Des douceurs dans mon assiette

J'aime les bonbons
parce qu'ils sont bons
bons – bons – bons.

J'aime les gâteaux
surtout s'ils sont gros
gros – gros – gros.

J'aime aussi les fruits
c'est de l'énergie
gie – gie – gie.

J'aime le chocolat
il chasse les tracas
c'est comme ça !

Ça sent bon !

Première lecture *du texte par l'animateur.*

Deuxième lecture :
Demander aux participants de donner les réponses. Ils peuvent utiliser celles de la poésie, ou trouver des réponses personnelles.

Atelier d'écriture :
Cette poésie peut donner lieu à un exercice écrit. Chaque participant peut faire la liste des parfums que lui évoquent le printemps et l'automne.

Ça sent bon !

Au printemps, les parfums
sont plutôt dans les jardins :
les roses, les mimosas,
les iris et les lilas !

En automne, ce qui sent bon
est plutôt dans la maison :
le feu de bois, les confitures,
le pot-au-feu, la tarte aux mûres !

Vive les crêpes !

Première lecture *du texte par l'animateur.*

Deuxième lecture :
Demander aux participants de montrer leurs dix doigts, puis de faire des moulinets avec les mains. Ensuite, taper dans les mains sur «Une pour toi » et « Une pour moi ».
Continuer le jeu en cachant deux doigts à chaque strophe, jusqu'à ce que toutes les crêpes soient « mangées ».

Vive les crêpes !

Madame Pâquerette
avait dix crêpes sucrées
roulées dans une assiette.
Les enfants sont passés :
- Une pour toi !
- Une pour moi !
Combien en est-il resté ?
- Huit.

Madame Pâquerette
avait huit crêpes sucrées…

Madame Pâquerette
avait six crêpes sucrées…

La mer et la vie

Première lecture *du texte par l'animateur.*

Deuxième lecture :
Demander aux participants de se balancer doucement de droite à gauche, au rythme du texte.

Troisième lecture :
Partager les participants en deux groupes, assis face à face.
L'animateur dit la poésie, et pendant la première et la dernière partie, les deux groupes se balancent ensemble.
Pendant la partie du milieu, l'animateur fait signe alternativement aux deux groupes, afin que chacun exerce le mouvement à tour de rôle.

La mer et la vie

La vie c'est comme la mer,
ça va, ça vient.
Il y a des jours clairs
et des jours-chagrin.

D'un côté les dauphins,
de l'autre les requins.
D'un côté les baleines,
de l'autre les murènes.
D'un côté des vaguelettes,
de l'autre des tempêtes.
D'un côté des voyages,
de l'autre des naufrages.

La vie c'est comme la mer,
ça va, ça vient.
Il y a des jours clairs
et des jours-chagrin.

La ronde des noms

Première lecture *du texte par l'animateur.*

Deuxième lecture :
L'animateur dit le début du texte, puis un participant interroge son voisin, qui lui répond.
On reprend au début de la même manière, jusqu'à ce que tous les participants aient donné leur nom et leur prénom.

La ronde des noms

On a écrit sur ma porte
les noms que je porte.
Si vous me les demandez,
je vous les dirai.

- Madame (Monsieur) quel est votre nom ?
- Madame Meunier.
- Et votre prénom ?
- Viviane.
- Enchantée Madame Viviane Meunier !

Mes préférés

Première lecture *du texte par l'animateur.*

Deuxième lecture :
Demander aux participants de faire appel à leurs souvenirs pour répondre aux questions, à tour de rôle.

Atelier d'écriture :
Cette poésie peut donner lieu à un exercice écrit. Chaque participant établira la liste de ses réponses aux questions posées. Ensuite chacun lira à l'assemblée ce qu'il a écrit.

Mes préférés

J'ai lu des livres en quantité,
romans d'amour ou policiers,
aventures, faits de société…
Lequel fut mon préféré ?

J'ai vu bien des films au ciné,
en couleur, noir et blanc, muets,
dans des petites salles de quartier.
Lequel fut mon préféré ?

Et j'ai aussi beaucoup chanté :
Yves Montand, Charles Trenet.
Entre romances et chansons gaies,
laquelle fut ma préférée ?

Le vase chinois

Première lecture *du texte par l'animateur.*

Deuxième lecture :
Choisir un objet que l'on peut se passer de main en main, par exemple un ballon, et demander aux participants de le faire circuler de l'un à l'autre sans le laisser tomber, pendant la lecture de la comptine.

Le vase chinois

Depuis plusieurs générations
on se transmet le céladon
orné de fleurs et de dragons
qui fut rapporté de Canton.
Il est très fragile. Attention !

Sept coiffures

Première lecture *du texte par l'animateur.*

Lectures suivantes :
Texte à récapitulation.
L'animateur reprend toujours le texte au début, en ajoutant à chaque fois un des personnages. Il dit le prénom des enfants et demande aux participants de retrouver leur coiffure, en s'appuyant sur les rimes. Il peut aussi faire les gestes correspondant aux coiffures pour soutenir la mémorisation.

Sept coiffures

Madame Durand a sept enfants,
tous coiffés différemment.

Juliette a des couettes.

Agnès a des tresses.

Manon a un chignon.

Chantal, une queue-de-cheval.

Alfred a des cheveux raides.

Amédée, des cheveux frisés.

Quant à Juan Carlos,
il est coiffé en brosse.

Le mariage de Justin

Première lecture du texte par l'animateur.

Deuxième lecture :
Demander aux participants de retrouver les réponses, en se basant sur les rimes.

Le mariage de Justin

Au mariage de Justin
j'étais sur mon trente-et-un,
avec ma robe en mousseline.
assortie à ma capeline.
(pour les messieurs :
avec mon complet veston
en Prince de Galles marron).

Que portait l'oncle Benoît ?
Il portait une cravate à pois.

Que portait la tante Aglaé ?
Elle portait une étole rayée.

Que portait le cousin Léo ?
Il portait une veste à carreaux.

Que portait la cousine Annie ?
Elle portait une jupe fleurie.

Et que portait la mariée ?
Une robe immaculée !

Les bonbons

Première lecture du texte par l'animateur.

Atelier d'écriture :
Ce texte peut donner lieu à un exercice d'écriture.
Demander à chaque participant de citer son bonbon préféré, accompagné d'un élément caractéristique : couleur, goût, forme, etc.
On peut compléter le jeu par des dessins.

Les bonbons

Quels sont vos bonbons préférés ?

Des pastilles de menthe
fondantes
à sucer ?

Des pralines aux amandes
gourmandes
à croquer ?

Des boules de gomme
ou chewing-gums
à mâcher ?

Des sucettes au caramel
ou au miel
à lécher ?

L'essentiel est de se régaler !

Rangement

Première lecture *du texte par l'animateur.*

Deuxième lecture :
Indiquer la position des différents éléments, en levant les bras, en les abaissant, puis en les remontant au niveau du visage.

Troisième lecture :
Demander aux participants de « remplir » les différents étages de rangement avec d'autres objets, en respectant les rimes.

Rangement

Tout en haut de mon armoire
je mets chapeaux et foulards.

Tout en bas dans le tiroir
ma lingerie et mes mouchoirs.

Au milieu, sur l'étagère
j'empile mes pull-overs.

Quel est-ce bruit ?

Première lecture *du texte par l'animateur.*

Deuxième lecture :
L'animateur dit les deux premiers vers. Ensuite les participants essaient de repérer d'autres bruits dans leur environnement. Il peut s'agir de bruits d'intérieur, comme de la musique ou un appareil ménager.

Quel est-ce bruit ?

Quel est ce bruit que l'on entend,
est-ce la pluie ou bien le vent ?
Non, c'est le cri des oiseaux
qui retentit tout là-haut.

Quel est ce bruit que l'on entend,
est-ce la pluie ou bien le vent ?
Non, c'est le passage d'un train
qui gronde dans le lointain.

Quel est ce bruit que l'on entend,
est-ce la pluie ou bien le vent ?
Non, c'est le roulement des voitures
qui défilent à toute allure.

Quel est ce bruit que l'on entend,
est-ce la pluie ou bien le vent ?
Non, c'est l'aboiement d'un chien
là-bas au fond d'un jardin.

Les cadeaux

Première lecture *du texte par l'animateur.*

Deuxième lecture :
Former un cercle avec tous les participants (assis ou debout), et leur donner un ballon.
L'animateur dit la comptine et les participants se lancent le ballon à tour de rôle, à chaque « remise de cadeau ».

Troisième lecture :
Les participants disent eux-mêmes le texte en nommant les personnes par leur nom et cherchent des cadeaux qui riment avec chacun.

Les cadeaux

J'offre à mon amie Annie
une écharpe fleurie.

J'offre à mon ami André
un roman policier.

J'offre à ma voisine Catherine
un livre de cuisine.

J'offre à mon voisin Martin
une bouteille de bon vin.

J'offre à madame Lecoeur
un bouquet de fleurs.

J'offre à Monsieur Lebon
une boîte de bonbons.

Pour aller chez Marguerite

Première lecture *du texte par l'animateur.*

Deuxième lecture :
Faire mimer l'itinéraire aux participants avec les bras.
D'abord indiquer une rue toute droite, puis un virage à gauche.
Au rond-point, tourner la tête des deux côtés.
Indiquer à nouveau une rue droite, puis un virage à droite.
A la fin, mimer le geste de gravir un escalier avec les deux mains.

Pour aller chez Marguerite

Je vais rendre visite
à madame Marguerite.
En sortant de chez moi
d'abord c'est tout droit,
puis je tourne à gauche
dans la rue des Chauffes
jusqu'au grand rond-point.
Je regarde bien
de tous les côtés
si personne ne vient.
Je prends la rue des Hêtres
pendant deux cents mètres.
Enfin je tourne à droite
dans une rue étroite,
je monte un escalier
et je suis arrivée !

Au cirque

Première lecture *du texte par l'animateur.*

Deuxième lecture :
Ce sont les participants qui commentent les tours en disant « bravo », ou « hou », selon que la performance est réussie ou ratée.

Au cirque

L'acrobate a réussi son numéro,
bravo !

Le jongleur a raté son coup,
hou !

Le clown a fait rire les marmots,
bravo !

L'écuyère n'a pu rester debout,
hou !

Le funambule a marché tout là-haut,
bravo !

Le magicien n'a rien transformé du tout,
hou !

Le dresseur a fait sauter des animaux,
bravo !

Où avez-vous mis ?...

Première lecture du texte par l'animateur.

Deuxième lecture :
Demander aux participants de donner les réponses, individuellement ou tous ensemble, en s'aidant des rimes.

Où avez-vous mis… ?

- Où avez-vous mis votre appareil photo ?
- Sur le bureau.

- Où avez-vous mis le chocolat noir ?
- Dans le tiroir.

- Où avez-vous mis vos lunettes ?
- Sur la tablette.

- Où avez-vous mis vos chaussures ?
- Contre le mur.

- Où avez-vous mis le courrier ?
- Dans le panier.

Par la fenêtre

Première lecture *du texte par l'animateur.*

Deuxième lecture :
Demander aux participants de regarder par la fenêtre, et de dire ce qu'il voit.

Troisième lecture :
Essayer de trouver des rimes correspondant à ce que chacun voit par la fenêtre.

Par la fenêtre

- Que voyez-vous par la fenêtre
lorsqu'elle est grande ouverte ?

- Je vois le soleil
immobile dans le ciel.

- Je vois des nuages
qui partent en voyage.

- Je vois des oiseaux,
hirondelles et moineaux.

- Je vois un avion
qui file vers l'horizon.

Assis…debout !

Première lecture du texte par l'animateur.

Deuxième lecture :
Mimer les différentes positions :
Commencer la comptine en position assise.
Ensuite poser ses mains sur ses genoux.
Indiquer la position allongée d'un mouvement du bras.
Se lever pour terminer.

Assis... debout !

Quand est-on assis ?
Pour le déjeuner de midi.

Quand est-on à genoux ?
Lorsqu'on veut planter des choux.

Quand est-on couché ?
Pour dormir ou sommeiller.

Quand est-on debout ?
Quand on surveille le lait qui bout !

Photo de famille

Première lecture *du texte par l'animateur.*

Deuxième lecture :
Exercice de généalogie.
Faire dessiner à chaque participant l'arbre généalogique de sa famille, sur trois ou quatre générations, avec tous les prénoms.

Photo de famille

Sur la photo de famille
on voit papy et mamie
dans leurs beaux habits,
et puis leurs enfants
les garçons, les filles,
eux-mêmes devenus parents,
dans leurs beaux vêtements,
enfin des petits bouts de chou
avec de bonnes joues
qui nous font « coucou » !

5, 4, 3, 2, 1 !

Première lecture *du texte par l'animateur.*

Deuxième lecture :
Demander aux participants de montrer les cinq doigts de la main, puis d'abaisser un doigt, après chaque réponse.

5, 4, 3, 2, 1 !

Qu'est-ce qui va par cinq ?
Les cinq doigts de la main.

Qu'est-ce que va par quatre ?
Les quatre pieds de la table.

Qu'est-ce qui va par trois ?
Le trimestre et ses trois mois.

Qu'est-ce qui va par deux ?
Les oreilles et les yeux.

Qu'est-ce qui va par un ?
Le nez de chacun !

Les mois de l'année

Première lecture *du texte par l'animateur.*

Deuxième lecture :
Demander aux participants de retrouver les réponses, collectivement où à tour de rôle, en s'aidant des rimes.

Les mois de l'année

En janvier… je trie des papiers.

En février… je vais au marché.

En mars… j'ouvre ma terrasse.

En avril… je me promène en ville.

En mai… je cueille du muguet.

En juin… je fais des dessins.

En juillet… je fais des bouquets.

En août… je lis et j'écoute.

En septembre… je mange du gingembre.

En octobre… je range mes robes.

En novembre… je chauffe ma chambre.

En décembre… on est tous ensemble.

Les bijoux

Première lecture du texte par l'animateur.

Deuxième lecture :
L'animateur annonce des bijoux, dans le désordre, et les participants doivent, à tour de rôle, les situer.
Par exemple :
L'animateur : Des perles nacrées
Le (la) participant(e) : Aux oreilles

Les bijoux

Autour du cou
une chaîne en or,
un collier multicolore.

Au poignet
une montre carrée,
un bracelet argenté.

Aux doigts
une bague en diamant,
un anneau en or blanc.

Aux oreilles
des perles nacrées,
des anneaux ciselés.

Sommaire

De dix en dix	7
Au gré du vent	9
Aïe, aïe, aïe !	11
Au fil des saisons	13
Ils nagent, ils volent, ils courent…	15
Les couleurs de ma vie	17
Des douceurs dans mon assiette	19
Ca sent bon !	21
Vive les crêpes !	23
La mer et la vie	25
La ronde des noms	27
Mes préférés	29
Le vase chinois	31
Sept coiffures	33
Le mariage de Justin	35
Les bonbons	37
Rangement	39
Quel est ce bruit ?	41
Les cadeaux	43
Pour aller chez Marguerite	45
Au cirque	47
Où avez-vous mis… ?	49
Par la fenêtre	51
Assis… debout !	53
Photo de famille	55
5, 4, 3, 2, 1 !	57
Les mois de l'année	59
Les bijoux	61

L'HARMATTAN, ITALIA
Via Degli Artisti 15; 10124 Torino

L'HARMATTAN HONGRIE
Könyvesbolt ; Kossuth L. u. 14-16
1053 Budapest

L'HARMATTAN BURKINA FASO
Avenue Mohamar Kadhafi (Ouaga 2000) – à 200 m du pont échangeur
12 BP 226 OUAGADOUGOU
(00226) 50 37 54 36
harmattanburkina@yahoo.fr

ESPACE L'HARMATTAN KINSHASA
Faculté des Sciences sociales,
politiques et administratives
BP243, KIN XI
Université de Kinshasa

L'HARMATTAN CONGO
67, av. E. P. Lumumba
Bât. – Congo Pharmacie (Bib. Nat.)
BP2874 Brazzaville
harmattan.congo@yahoo.fr

L'HARMATTAN GUINÉE
Almamya Rue KA 028, en face du restaurant Le Cèdre
OKB agency BP 3470 Conakry
(00224) 60 20 85 08
harmattanguinee@yahoo.fr

L'HARMATTAN CÔTE D'IVOIRE
M. Etien N'dah Ahmon
Résidence Karl / cité des arts
Abidjan-Cocody 03 BP 1588 Abidjan 03
(00225) 05 77 87 31

L'HARMATTAN MAURITANIE
Espace El Kettab du livre francophone
N° 472 avenue du Palais des Congrès
BP 316 Nouakchott
(00222) 63 25 980

L'HARMATTAN CAMEROUN
BP 11486
Face à la SNI, immeuble Don Bosco
Yaoundé
(00237) 99 76 61 66
harmattancam@yahoo.fr

L'HARMATTAN SÉNÉGAL
« Villa Rose », rue de Diourbel X G, Point E
BP 45034 Dakar FANN
(00221) 33 825 98 58 / 77 242 25 08
senharmattan@gmail.com

652242 - Mai 2016
Achevé d'imprimer par